AF582146

QUELQUES IDÉES
SUR
L'ÉDUCATION
PUBLIQUE,

A L'OCCASION DU DISCOURS

DE

M^r. MURARD DE SAINT-ROMAIN,

PRONONCÉ

A LA TRIBUNE DE LA CHAMBRE DES DÉPUTÉS,

LE 31 JANVIER 1816.

Quittez-moi cette serpe, instrument de dommage.

LA FONT.

A BORDEAUX,

CHEZ PINARD, IMPRIMEUR, GRAVEUR ET FONDEUR EN CARACTÈRES,

RUE DES LAURIERS, N°. 7.

QUELQUES IDÉES SUR L'ÉDUCATION PUBLIQUE,

A L'OCCASION DU DISCOURS DE M. MURARD DE S^T-ROMAIN, PRONONCÉ A LA TRIBUNE DE LA CHAMBRE DES DÉPUTÉS, LE 31 JANVIER 1816.

Un discours imprudemment prononcé (1) à la tribune de la Chambre des Députés, a appelé prématurément l'attention de cette Chambre sur un objet de la plus haute importance pour l'avenir de la nation française. En lisant ce discours, il est facile de s'apercevoir que, malgré tout ce qui a été écrit sur une matière en apparence aussi rebattue que l'Éducation

---

(1) Voyez le *Moniteur* du 3 février 1816. On a déjà fait à ce discours quelques réponses solides, parmi lesquelles on a distingué celles de MM. Rendu, Taillefer, etc. Ces réponses suffiraient pour dissiper des préventions qui ne naîtraient que de l'ignorance de l'état réel de l'Instruction publique en France. Mais il est rare que dans des attaques aussi violentes contre ce qui existe, l'ignorance soit la seule source de la prévention. Il est si aisé, quand on le veut, de s'instruire de ce qui se pratique! L'Université n'est pas une société secrète et mystérieuse; les lois qui l'ont créée, les statuts qui la régissent, les hommes qui la composent, tout est au grand jour; il n'y a que les intérêts qui l'attaquent qui soient cachés, encore ne le sont-ils pas trop.

publique, les esprits ne sont nullement préparés à traiter, avec calme et sagesse, les questions qu'elle présente, et qu'on court le danger de se laisser aller encore à des essais novateurs dans la chose, peut-être, qui doit le plus porter l'empreinte du temps et le sceau de l'expérience. On entre dans une discussion, de laquelle on convient que dépend le sort des générations futures, avec d'amers souvenirs et des passions mal déguisées, et, parce qu'on regrette vivement ce qui n'est plus et ce qui ne peut plus être, on porte le sentiment de ses privations dans le jugement des institutions formées des débris de celles que la révolution a détruites. On s'exagère même ses regrets, et on les condamne en quelque sorte d'avance par des aveux qui seraient indiscrets, s'ils n'étaient pas injustes, en rappelant que déjà les principes d'une philosophie téméraire, ennemie du trône et de l'autel, avaient pénétré dans les congrégations chargées d'élever la jeunesse; qu'ils y avaient porté leurs ravages, et que, dès que les fausses doctrines purent se déborder sous l'appui même des lois, ce fut dans le sein de ces congrégations qu'elles trouvèrent leurs plus ardens apôtres. On prouve ainsi que l'opiniâtreté de l'esprit de corps ne garantit pas toujours de l'erreur; que l'ancienneté des habitudes n'étouffe pas l'amour des nouveautés; qu'il y a un progrès naturel amené par le temps, une marche des opinions et des événemens, qui corrompt ce qu'il y a de plus pur, presqu'inévitablement, et sans qu'il soit possible de calculer ce que chaque siècle, ce que chaque année a altéré des principes qui ont servi de base aux établissemens humains.

Lorsqu'en effet quelques membres de ces congrégations, qui s'étaient acquises tant de droits à l'estime et à la reconnaissance publique, se précipitèrent, avec la génération même qu'elles avaient élevée, dans l'excès des doctrines révolutionnaires, ils n'en avaient point été séduits tout-à-coup et comme par une illumination soudaine; ils avaient déjà, dans leurs communications avec le monde, approché leurs lèvres de ce même poison qui circulait dans toutes les veines du corps social ; tous les membres de l'État en étaient infectés ; la vapeur en était montée jusqu'aux têtes les plus illustres ; elle enveloppait même les trônes. Il n'était plus temps d'en combattre les effets ; il fallait que la société pérît ou se renouvelât. Des institutions vieillies, que ne soutenait plus depuis long-temps l'esprit qui les avait fondées, pouvaient-elles résister au torrent des opinions nouvelles, qui renversait même ce qui reposait sur de bien plus solides fondemens? Elles furent attaquées avec violence ; on ne leur tint compte, ni du bien qu'elles avaient fait, ni de celui qu'elles pouvaient faire encore ; on voulait innover et non améliorer, ou plutôt tout changement était supposé une amélioration. Tous les établissemens d'instruction furent détruits à la fois. Ce que la charité avait fondé, ce que le temps avait consolidé, ce que la reconnaissance seule aurait dû conserver, disparut sans retour, et le précieux dépôt de la génération naissante fut livré comme une proie à qui voulut s'en emparer.

Je rends justice au zèle du Député qui vient aujourd'hui, avec une parole aussi véhémente, attaquer ce qu'on a recréé avec tant de peine, et en rassemblant avec soin, après la tempête, les débris restés sur le rivage ; qui, suivant la marche des anciens réformateurs, veut détruire *à l'instant*, car la France va périr, *tout ce que la révolution a engendré de contraire à la religion et ce que Buonaparte a soutenu et protégé*, et qui comprend, sans trop se mettre en peine de son erreur, dans cette proscription absolue, inflexible, ce que la révolution n'a point engendré, ce que Buonaparte n'a point protégé, c'est-à-dire un grand corps, créé à la vérité par lui, mais contrarié, tourmenté par lui, à la tête duquel furent placés des hommes qui n'appartenaient ni à la révolution, ni à lui, et qu'il aurait lui-même détruit, s'il eût toujours achevé le mal qu'il avait commencé, et si ses intentions n'avaient pas été quelquefois pires que ses œuvres. Je crois, et je crois fermement, que c'est dans l'indignation d'une ame vertueuse que jetant ses regards sur l'amas impur de toutes les souillures révolutionnaires, mais confondant les hommes et les temps, l'orateur a versé, avec une cruelle amertume, les mépris dont il était plein pour les écoles qui s'étaient élevées en 1793 avec une entière liberté, sur celles bien différentes, qui, en 1814, étaient assujetties à une autorité régulatrice. Cette indignation, à la vérité, l'a conduit trop loin, mais un peu plus d'équité eût moins animé son discours. L'ardeur pour la régénération morale d'un grand peuple peut quelquefois ne pas reconnaître de distinctions, ni même de ménagemens; le tort alors n'est pas d'être injuste : on l'est toujours quand on est passionné; mais pourquoi, dans un sujet aussi grave que l'Éducation, est-on passionné? On ne sait plus alors si c'est aux personnes ou aux systèmes qu'on en veut; et comme, à la rigueur, il est possible de séparer l'un de l'autre, on risque de faire consumer en apologies le temps nécessaire pour établir les principes.

Des apologies! Serait-il donc besoin de défendre contre les accusations d'impiété et d'athéisme les chefs illustres de l'Université, les Fontanes, les Beausset, les Bonald, etc., ces premiers écrivains de la nation, qui ont augmenté sa gloire littéraire, et préparé ce que j'appellerai sa gloire monarchique; ces hommes qui brillent autant par la pureté de leurs sentimens que par la beauté de leur génie, qui ont bravé de nobles disgraces pour accueillir et défendre la fidélité persécutée, la cacher aux regards de la tyrannie la plus pénétrante qui fut jamais, et lui donner le mérite d'obscurs services pour lui conserver une courageuse indépendance?

Serait-il besoin de défendre contre l'accusation de dévouement à l'usurpateur le corps d'où est partie la première invocation (1) à la magnanimité des Souverains alliés, en faveur de l'auguste famille des Bourbons, dont le retour pouvait

---

(1) Voyez la lettre à l'Empereur Alexandre, publiée le 4 avril 1814, par M. Marignié, inspecteur général de l'Université.

seul terminer nos longues dissentions et guérir nos profondes blessures; le corps qui, par cela seul que ses membres ne se vouent qu'à des travaux peu éclatans, qu'ils ne se jettent point dans les carrières de la fortune ou du pouvoir, qu'ils vivent et meurent loin des foyers de l'ambition, contens de cultiver le commerce des muses dans le secret de leurs asiles, et d'être récompensés par des succès peu enviés de la foule, se trouve précisément placé dans la situation où on apprécie le mieux le calme et la sécurité que donne un Gouvernement légitime, et où l'on redoute le plus le danger des bouleversemens?

Serait-il besoin de défendre contre l'accusation d'avoir favorisé le despotisme du tyran, ceux qui, malgré leur médiocre existence, avaient été quelquefois l'objet de sa surveillance ombrageuse, parce que l'arme qu'ils tenaient dans leurs mains, quelque faible qu'elle fût, pouvait encore l'atteindre, parce qu'ils pouvaient créer d'avance contre lui le langage de la postérité, qu'il était encore plus jaloux de dominer que ses contemporains?

Serait-il besoin enfin de défendre du reproche d'une origine impure le corps qui fut créé en même temps et par les mêmes mains qui relevèrent les autels, et pour une fin aussi importante et aussi noble; qui fut composé, comme la magistrature, d'élémens que la révolution avait dispersés, et, pour la plus grande partie, d'hommes qu'elle avait frappés, les seuls alors qui pussent élever des barrières contre l'ignorance, et rétablir en France les études classiques dont les traditions se perdaient chaque jour? Sans doute, les membres de ce corps ont offert (1), comme ceux de tous les

---

(1) On pourrait citer un grand nombre d'honorables exceptions, notamment les membres des Académies de Nîmes, de Bordeaux, etc.; mais la fidélité et le dévouement étaient, pour ces dernières villes, des devoirs si absolus, qu'ils doivent se féliciter plutôt que se glorifier de n'y avoir pas manqué.

autres, des défections qu'il faudra toujours déplorer; mais, si quelque chose pouvait excuser l'oubli d'un devoir sacré, il serait juste peut-être de songer à la timidité de leur caractère, à leur imprévoyance habituelle, à leur défaut d'appui, à l'incertitude de leur avenir. Quand on pèse ainsi les fautes au poids du sanctuaire, ne faut-il pas se défier d'une extrême justice?

Au reste, en traitant de l'Éducation nationale, est-ce à de misérables objurgations qu'il faut s'arrêter? Que sont des hommes et des événemens qui vont bientôt se perdre dans une nuit profonde, d'où les crimes même de notre horrible révolution ne surnageront peut-être pas? La vie morale et intellectuelle des nations est-elle détruite par ces éclipses passagères de la raison éternelle qui les gouverne? N'ont-elles pas toujours en elles la force de revenir au sens droit, à la connaissance de ce qui est bon et juste, de ce qui est convenable à leur plus grand intérêt, et n'est-ce pas, en matière d'Éducation surtout, précisément ce qui importe que de connaître ce qui est bon, ce qui est convenable au plus grand intérêt de la société? Est-ce isolément que les questions que présente ce beau sujet doivent être traitées, à part des opinions, des mœurs, des autres institutions qui doivent se coordonner avec lui?

Je ne le crois pas, et quoique je n'aie ni le temps ni les moyens d'entrer dans ces discussions profondes, et d'embrasser ce sujet tout entier, comme le feront sans doute les orateurs, dont la voix éloquente a fait de la tribune de la Chambre des Députés la chaire de Bossuet; comme cependant on me parait l'avoir déjà abordé avec des préjugés dangereux, je me hâte de le ramener à quelques principes simples qui tirent leur force de la seule raison, et non de la haine des choses présentes; car, si mettant à part la nature des choses, et ne tenant aucun compte des révolutions du temps, nous voulions créer des institutions sans analogie entre elles, et sans analogie surtout avec notre nouveau

Gouvernement, nous bâtirions sur le sable, et après une lutte plus ou moins longue, nous nous retrouverions encore au milieu des débris.

Quelles doivent être les bases de l'Éducation publique en France? Qui doit avoir sa direction suprême? Quels hommes doivent en être chargés?

Je ne présenterai que quelques considérations sur ces questions importantes, qui veulent être profondément méditées par des hommes d'expérience et de jugement, avant d'être soumises à une discussion publique, trop chaleureuse peut-être, dans un temps où des intérêts cachés prennent quelquefois l'apparence de haines vertueuses, et où il n'est pas impossible qu'on ne cherche des chances heureuses dans la restauration des saintes doctrines. J'en parlerai au reste, comme on doit parler de tout ce qui est fondamental, *sine ira et studio*.

Je ne connais, pour les Français, d'Éducation complète qu'autant qu'elle est à la fois religieuse, monarchique et littéraire : nulle de ces bases ne doit être sacrifiée aux autres, parce que toutes sont nécessaires à la tranquillité de l'État, au bonheur des citoyens et à la gloire de la nation.

Avant la révolution, l'Éducation en France n'était ni suffisamment religieuse, ni suffisamment monarchique. C'est M. DE S[t].-ROMAIN qui le dit, et il ajoute que c'est pour cela que la France a succombé. Sans convenir que ce soit là la cause unique qui ait précipité la chute de cette antique monarchie, et en reconnaissant qu'on pourrait en accuser, avec autant de raison, les fautes du Gouvernement français depuis la régence, et surtout son excessive faiblesse, on est du moins forcé d'avouer que, par un contraste assez bizarre, nous vivions sous une monarchie, des corps religieux dirigeaient presqu'exclusivement les études de la jeunesse, et que néanmoins cette même jeunesse est sortie de leurs mains irréligieuse et républicaine. Nulle pensée ne s'était élevée dans les conseils des Rois pour prévoir ce résultat ; nulle mesure n'avait été prise pour le combattre, pour donner aux esprits une direction plus droite, pour inspirer de bonne heure l'amour du Gouvernement sous lequel on vivait. Par une fatale insouciance, nos Rois avaient laissé échapper de leurs mains ce levier puissant dont on a depuis si bien connu la force, et comme les citoyens n'étaient pas élevés pour leur pays, au premier dégoût qu'ils ont éprouvé de leur situation, au premier désir qu'ils ont formé d'une perfection idéale, le lien qui devait attacher l'homme à la patrie a été brisé, toutes les institutions, même les plus anciennes, ont disparu, sans laisser de regrets dans l'ame de ceux qui en désiraient et en créaient de meilleures dans leur pensée; et c'est une chose remarquable, qu'on manifeste plus de regrets de leur perte, aujourd'hui qu'on ne les connaît que par de confus souvenirs, qu'on ne peut bien apprécier leurs services, aujourd'hui qu'on voit clairement qu'elles n'avaient pas atteint le but auquel elles devaient tendre, qu'elles ont laissé miner d'abord, et renverser ensuite l'édifice social, qu'on n'en a montré au moment même de leur chute. C'est une chose remarquable qu'on croie que, redevenues nouvelles, c'est-à-dire, dénuées de la force qu'elles tiraient de l'ancienneté des traditions et de la puissance des souvenirs, elles pourront rétablir un esprit qu'elles n'ont pu conserver. Mais, outre qu'il n'est pas si facile de relever ce qui est abattu, ou de ressusciter ce qui est mort, c'est qu'il est évident qu'une Éducation qui n'attache pas la jeunesse à ce qui existe, est pernicieuse à la société, qu'elle pousse à résister ceux qu'elle doit pousser à obéir, et que le germe de toutes les révolutions se trouve précisément dans ce désaccord secret entre les opinions et les existences, qui tôt ou tard donne le désir de détruire ce qui est, et l'ambition de créer ce qui n'est pas.

Si l'on convient que l'Éducation n'était pas suffisamment religieuse, quoiqu'elle fût entre les mains de corps religieux, il me semble qu'avant de croire qu'elle le redeviendrait, si on se replaçait dans la même situation, il serait à propos d'examiner pourquoi elle ne l'était pas, et de remonter ainsi à la recherche des conditions qui pourraient la rendre telle.

Était-ce, par exemple, l'enseignement de la religion qui manquait dans les écoles tenues par des corporations religieuses? Était-ce sa pratique? Était-ce son esprit? Il n'y a aucun doute que ce n'était ni son enseignement, ni sa pratique. On l'enseignait, on la pratiquait dans les Congrégations, comme dans l'Université de Paris, et on n'a qu'à lire l'excellent Réglement du collége de Louis-le-Grand (1), modèle de tous les autres, et dont les principales dispositions ont été recueillies par la nouvelle Université et transportées dans ses statuts, pour s'en convaincre. S'il eût suffi des règles, on les avait parfaites; des exemples, ils étaient bons, et cependant le succès n'y était pas. Qu'est-ce donc qui manquait, si ce n'était son esprit, et qu'est-ce qui pourrait aujourd'hui le ramener dans les écoles? Suffira-t-il de dire ou même de décréter que la religion et la morale devront être *désormais* les bases de l'Éducation?

Désormais! certes il ne faut pas avoir été témoin d'une révolution de vingt-cinq ans, chez un peuple léger, inquiet, mécontent; il ne faut pas avoir vu changer toutes les idées, remuer le fond de tous les cœurs, s'en échapper sans frein toutes les passions, secouer, renverser tout ce qui avait d'anciennes et de profondes racines dans l'État, pour reconnaître une vérité aussi évidente! Et si on n'avait recueilli d'aussi épouvantables désordres que la conviction qu'ils ont été le fruit de l'oubli de tous les principes, de doctrines pernicieuses long-temps et constamment professées, du relâchement successif et universel de tous les liens sociaux, et qu'avec des cœurs plus pénétrés de l'amour d'une religion

(1) Voyez le Recueil des Lois et Réglemens sur l'Instruction publique, tom. 1.

dont les sentimens sont si touchans et les maximes si pures, on eût évité les criminels excès où on est tombé, on aurait peu profité d'une aussi terrible expérience, et on aurait payé mille fois trop cher les salutaires leçons du malheur. Il n'est pas dans l'ordre de la Providence que les empires soient renversés, et que des générations entières soient détruites, pour que les peuples n'apprennent que ce qu'ils savaient, et n'arrivent qu'au point d'où ils sont partis.

Oui, sans doute, il faut que la religion et la morale soient désormais les bases de l'Éducation; mais ce n'est pas comme chose nouvelle, c'est comme chose très-ancienne, c'est parce qu'elles l'ont toujours été chez tous les peuples et dans tous les Gouvernemens, parce qu'on ne conçoit pas même d'Éducation possible sans religion et sans morale.

Qu'est-ce, en effet, qu'élever l'enfance, sinon l'instruire de tous ses devoirs, la former de bonne heure pour les professions de la vie civile, non-seulement par les lumières de l'esprit qu'elle doit y déployer, mais bien plus encore par les sentimens du cœur qui doivent l'y attacher? Eh! comment ne commencerait-on pas ces instructions si importantes par la connaissance des rapports qui lient l'homme avec l'être qui l'a créé? Comment établirait-on des devoirs si on ne remontait pas aux lois primitives, éternelles dont ils émanent? Et ces lois elles-mêmes, comment en donnerait-on l'intelligence si on n'en faisait pas connaître l'immuable auteur? Dieu a donc été chez tous les peuples la première idée qu'on ait cherché à graver dans l'esprit de l'homme; Dieu et ses attributs; sa puissance, manifestée par la création; sa bonté, manifestée par les dons qu'il a faits à ses créatures; sa justice, manifestée par la dispensation des biens et des maux, même dans cette vie, d'une manière bien plus équitable que ne le croient ceux qui ne veulent pas embrasser la chaîne de tout ce qui arrive. Je ne connais qu'une seule époque de notre révolution, et elle n'a pas été longue, où cette idée, sans être effacée, ait été dénaturée, où la sublime image de la

Divinité ait été présentée sous de fausses couleurs; où on ait fait Dieu protecteur de l'impiété même qui s'élevait contre lui; et encore, dans le déplorable égarement où on était tombé, l'esprit révolutionnaire s'est-il montré plus perverti qu'aveuglé, et plus avide de secouer l'idée importune d'une puissance supérieure à l'homme, que certain d'y parvenir par la ruine des autels élevés à cette puissance.

Mais, même dans ce triomphe momentané de l'athéisme, on n'a vu personne le poser en principe dans l'éducation, en quelques mains qu'elle soit tombée. C'eût été marcher en sens inverse du but où on voulait aller; c'eût été briser dans ses propres mains l'instrument des succès qu'on espérait de ses travaux; c'eût été s'ôter la prise qu'offrent de saines croyances sur les penchans qu'on veut diriger. On n'élève pas l'homme pour en faire une bête féroce; pour le livrer sans défense à ses brutales passions; pour le convaincre qu'il n'y a aucune force au-dessus de la sienne, et le jeter ainsi tout armé au sein d'une société dont on veut qu'il respecte les lois. Le premier des freins que voudront lui imposer ceux même qui n'y croiraient pas, sera toujours la religion. Ils l'interpréteront mal; ils l'enseigneront mal; ils n'auront pas l'accent de la persuasion, parce qu'ils ne seront pas persuadés, mais ils se serviront toujours d'elle comme moyen, si ce n'est pas comme but, et ils ne prendront pas à tâche d'en combattre les vérités, pour diminuer leur propre influence.

Ne nous y trompons donc pas, ou plutôt ne faisons pas semblant de nous y tromper; car en ceci je suis loin de croire l'erreur réelle. On sait très-bien que, dans les établissemens de l'Université, l'instruction religieuse y est confiée à des Ecclésiastiques aussi pieux qu'éclairés qu'ont nommés les Évêques; que ceux-ci la feraient eux-mêmes, qu'elle ne se ferait pas autrement; on sait très-bien que les devoirs prescrits par la religion y sont observés d'après les mêmes règles que dans les anciens colléges; qu'ainsi la génération n'est point *corrompue dans le principe;* que l'enfance n'y prend ni mauvaises opinions, ni mauvaises mœurs. Le moindre coup-d'œil jeté sur les réglemens, la moindre information prise dans les rapports, suffirait pour en convaincre ceux qui ne redouteraient pas d'être convaincus; et ceux-là ne feraient pas tant de bruit de quelques désordres qui échappent à la plus exacte surveillance, même dans des écoles d'un autre genre; désordres que la décence publique couvrait jadis d'un voile salutaire, que trop de mains s'empressent aujourd'hui de lever.

Mais s'il est facile à l'Université de justifier ses règles et ses usages, il ne lui est pas aussi facile de faire qu'on veuille qu'elle les justifie. Où la condamnation est profitable, ce qu'on craint le plus, c'est l'innocence. Au reste, élevons-nous plus haut et voyons plus loin. Il est une éducation bien plus puissante que celle des écoles, et on se tait sur celle-là. On se tait, parce que c'est là la véritable plaie, et qu'on craint peut-être qu'elle ne soit incurable. La jeunesse reçoit cette seconde éducation quand ses passions commencent à s'éveiller; elle la reçoit d'un monde qui regarde l'indulgence comme une vertu, et c'est alors que peuvent germer dans son cœur les funestes leçons de l'athéisme; elles y trouvent pour auxiliaires les pactes secrets que les passions font avec la conscience et le besoin qu'elles ont pour se satisfaire de repousser le Dieu qui les condamne, et de mettre à sa place un être fantastique qui ne condamne rien. On a vu trop souvent les enfans élevés dans les meilleurs principes, les perdre dès que l'âge venait d'y conformer leur conduite. Ils avaient bien acquis la connaissance des écueils, et non la force de les éviter. C'est que cette force n'est guère le résultat des premiers développemens moraux de l'enfance; elle s'acquiert dans les épreuves, dans les combats, dans les méditations solitaires, dans les études profondes qui les suivent. Quand la société est tellement avancée dans les sciences et les arts, a tellement perfectionné ses méthodes d'enseignement, que pour tous les objets de nos connaissances elle exige moins de temps et d'efforts pour atteindre le degré d'instruction nécessaire aux divers emplois de la vie, l'enfance alors se trouve trop tôt en contact avec les dissipations du siècle; elle devient trop tôt ce qu'est le siècle lui-même. Autrefois les sciences n'étaient que commencées; leur langage seul demandait une étude longue et pénible; il fallait donc les faire, pour ainsi dire, plutôt que les apprendre. On arrivait tard à toutes les professions; on était élevé long-temps, et on ne déposait les lisières que quand on savait marcher. Aujourd'hui, et par le progrès inévitable des lumières, les mœurs ont dû changer; et s'il en est résulté quelques avantages pour l'État, en ce que l'homme devient plutôt un instrument d'action, il y a aussi ce danger pour les éducations, même les plus chrétiennes, qu'elles sont arrivées à leur terme quand on n'a encore que la science de ses devoirs, et qu'on n'a pu se pénétrer de leur esprit.

On se trompe en général sur ce qui peut donner cet esprit, qui est la vie de toutes les institutions; c'est qu'on veut qu'il soit particulier, quand il doit être universel; qu'il existe dans les colléges, quand il doit exister dans le monde; qu'il soit dans l'enfant, quand il doit être dans la famille; qu'il soit enfin celui d'une institution, quand il doit être celui de toutes.

J'ai entendu souvent reprocher aux lycées leurs uniformes et leurs tambours, comme la cause de cette ardeur militaire dont la France semblait quelquefois dévorée. Peut-être n'était-ce pas toujours de bonne foi qu'on faisait ces reproches, mais des hommes éclairés les répétaient. Pour moi, je n'ai jamais cru que l'influence de ces vaines images de la guerre fût aussi puissante qu'on le disait. Elles tiraient leur véritable force d'un ensemble auquel on ne faisait pas assez d'attention. L'Éducation n'était militaire que parce que tout l'était. Comme la guerre était le seul appui du gouvernement de l'usurpateur, sous lui tout respirait la guerre. S'il appelait la jeunesse dans les camps par sa volonté, il l'y fixait par l'appât des richesses, des distinctions et des grandeurs ; il la fascinait par des victoires, par la licence militaire, par la domination du soldat dans la société, par tout ce qui grave profondément dans l'ame ce qu'on veut y graver. A la restauration, l'Université s'est empressée de supprimer et tambours et uniformes ; elle pouvait se dispenser de ce soin : aucune idée séduisante ne s'y rattachant plus, l'imagination des enfans s'est portée ailleurs, et maintenant ce spectacle leur serait offert tous les jours, qu'il ne se ferait pas un soldat.

La tyrannie a des habiletés dont on peut profiter, sans ressentir moins de haine pour elle, peut-être même en la haïssant davantage de ce qu'elle va si bien à son but. Il est sans doute plus difficile de rendre l'Éducation religieuse que de la rendre militaire : il faut revenir de plus loin ; mais ce ne sera jamais qu'en employant les mêmes moyens. Que la religion soit rétablie partout, pour que du dehors elle pénètre au dedans ; que la nation revenue, après les violentes commotions qu'elle a éprouvées, de ses mépris superbes pour la foi de ses pères, abjure sincèrement, et non par de vains discours, les dogmes de cette désolante philosophie, qui n'admet aucun but à notre existence, aucun modèle à nos vertus, aucune récompense à nos sacrifices ; que l'esprit religieux rentre d'abord dans nos lois, comme chez les anciens peuples ; qu'il pénètre de-là dans nos mœurs et se mêle à nos habitudes sociales ; que tous les actes du Gouvernement en soient empreints ; que de vaines sollicitudes financières n'empêchent pas de rendre à nos temples leur majesté, à nos cérémonies leur pompe ; j'ajouterai, à notre clergé son rang, car tout se lie dans les choses humaines ; que la religion, ainsi honorée dans ses croyances, ses pratiques et ses œuvres, descende des hauteurs de la société dans les asiles de l'enfance ; et alors elle n'y sera plus une simple instruction ; elle y sera un sentiment, un sentiment profond, durable, qui, même dans l'âge et dans l'entraînement des passions, ne se perdra jamais tout à fait.

Les grandes catastrophes de la nature avaient donné autrefois à l'esprit de l'homme ce caractère religieux. On le voit dans les fêtes de l'antiquité, même dans ses usages civils. Tout se faisait, pour ainsi dire, en présence des dieux. Ne devrait-ce pas être aussi le résultat des grands bouleversemens de la société? Nos douleurs, suivant l'expression de Bossuet, ne doivent-elles pas nous rendre savans dans la science de l'Évangile? De présomptueuses doctrines avaient déplacé toutes les bornes dans le monde moral; est-ce la main de l'homme qui les a reposées? Est-ce le hasard qui a donné à la philosophie humaine tout le temps de triompher, de s'établir, de convertir tout à elle; qui lui a donné, pour l'affermissement de son empire, tous les honneurs à distribuer, toutes les grâces à répandre, pendant la durée de toute une génération; et qui, lorsqu'elle s'est crue solidement assise sur le trône qu'elle s'était élevé, l'en a précipitée en un instant? Nous avons assisté à la plus terrible expérience qui ait été faite sur l'ordre social, et nous n'en porterions pas témoignage à la génération future! Nous arriverions à elle, encore avec une foi douteuse, une morale altérée, des principes incertains, chancelans, sur les plus précieux intérêts de l'homme! Et ne tirant ainsi pour nous-mêmes aucun profit des rudes avertissemens que nous aurions reçus de la providence, nous espérerions qu'ils feraient une impression plus forte sur ceux qui ne les auraient pas connus!

Ne faisons plus de romans sur l'Éducation, et convenons de bonne foi de cette vérité, évidente pour qui ne se laissera pas emporter à de vaines déclamations, que les nations ne faisant que se continuer, se continuent avec leurs erreurs, leurs penchans et leurs vices; mais qu'en sortant de violentes crises elles peuvent prendre de nouvelles mœurs; que jamais leur corruption morale n'est telle qu'elles ne puissent en revenir ; que le Français surtout est, de tous les peuples, celui qui s'égare le plus, et se relève le mieux. Convenons qu'après d'éclatantes calamités, on fait quelquefois de salutaires retours sur soi-même, mais que ce n'est que lorsque les gouvernemens détruits se rétablissent sur de meilleures bases, lorsque les lois deviennent plus justes, plus morales, plus religieuses ; lorsque les vérités éternelles sur lesquelles repose l'ordre public, retentissant avec éloquence dans les assemblées nationales, deviennent, par la persuasion des législateurs, une persuasion générale, que la génération actuelle, ainsi purifiée, purifiant à son tour celle qui lui succède, le véritable esprit de la religion chrétienne, c'est-à-dire le sentiment des devoirs qu'elle prescrit, des vertus qu'elle recommande, du bonheur qu'elle promet, reparaît sans efforts, et même avec beaucoup moins de travail qu'on ne l'imagine, dans ces mêmes établissemens où le christianisme a été toujours enseigné et toujours pratiqué d'après les règles anciennes, mais n'a sans doute été ni assez inspiré, ni assez *senti* sous un gouvernement qui le permettait là et le poursuivait partout ailleurs.

Une seconde base essentielle de l'Éducation française, c'est l'amour de la monarchie. Dieu et le Roi ne doivent plus être séparés ; ils l'étaient trop dans l'Éducation ancienne. M. de Saint-Romain convient qu'elle n'était pas suffisamment monarchique : moi je dirai qu'elle ne l'était pas du tout. Livrée à des corporations qui avaient une existence indépendante, qui ne tenaient du Souverain que cette protection générale accordée par les lois de l'État à tout ce qui était dans l'État, la soumission au Prince pouvait sans doute être un des devoirs prêchés à la jeunesse, mais l'attachement à la monarchie, comme la seule forme de gouvernement convenable aux habitudes du peuple français ; l'attachement à la famille régnante par droit de naissance, comme la seule famille capable d'assurer son bonheur, n'étaient point au nombre des devoirs enseignés ou prescrits ; soit qu'une sorte de soumission passive aux Puissances comme données de Dieu, interdise toute discussion de leurs droits, et écarte la question importante de la légitimité ; soit que le renversement violent d'un trône établi depuis des siècles, ne soit pas dans l'ordre des prévoyances humaines ; soit que des orages politiques ne semblent pas fort à redouter à ceux qui vivent retirés, solitaires, absorbés par de plus hautes pensées ou de plus puissans intérêts.

Les études même, familières alors, celles qu'on appelait *classiques*, portaient l'imagination dans un ordre de choses bien opposé aux sentimens que devaient avoir des Français. Elles roulaient en général sur les langues mortes ; et les langues mortes, comme on sait, ne font connaître que les peuples morts, et leurs gouvernemens presque tous républicains. Les grandes monarchies de l'antiquité sont peu connues ; ce que nous en savons ne nous est parvenu que par les historiens des nations qui les ont vaincues ou détruites. On regrette même assez peu de n'en pas savoir davantage. L'autorité n'y étant pas tempérée par des lois douces et justes, l'espèce humaine s'y montre dans un état d'abaissement qui rend plus séduisant le tableau de sa grandeur dans d'autres états. Aussi les modèles proposés à la jeunesse étaient-ils, par un effet naturel de ce contraste, choisis parmi les héros qui ont illustré les républiques. On eût pu en trouver dans l'histoire moderne, mais elle ne présente point ces magnifiques compositions des Thucydide, des Tite-Live, des Salluste, etc., auxquels reviennent sans cesse les gens de lettres, attirés autant par l'importance des événemens, que par la beauté des narrations. D'ailleurs l'histoire ancienne a, aux yeux de la jeunesse, le grand avantage d'être finie. On sait ce que sont devenus les empires dont elle parle, et les peuples qui ont brillé sur la terre. Leur sort, quel qu'il ait été, par cela seul qu'il est accompli, donne les véritables leçons morales qu'on peut retirer des événemens. Certainement c'est une partie du charme qu'on trouve à l'apprendre, que de voir à quoi ont abouti tant d'efforts, tant de talens et tant de gloire.

A l'avantage de présenter des faits achevés, l'histoire ancienne joint celui d'offrir des caractères complets. La nature humaine y est plus près de ses premières formes; et il est plus facile à la jeunesse de les étudier, quand elles n'ont pas été altérées par le mélange des peuples, le commerce, les alliances, tout ce qui multiplie les intérêts et complique les rapports. Elle montre des vertus très-exaltées et des vices peu raffinés. Quand on a contemplé les héros de Rome et d'Athènes, on trouve les autres ternes et froids. Ce n'est pas sans raison qu'on présente ces tableaux de l'enfance des peuples à l'homme encore enfant. Il ne se rebute pas de la grossièreté de leurs mœurs, parce qu'elles ont de la franchise, et il conçoit mieux les ressorts de leur politique, parce qu'elle n'a point de mystères. L'instruction qu'on en retire est donc plus réelle, plus profitable, contribue davantage aux progrès d'intelligences encore bornées, et la préférence qu'on donne dans les écoles à ce genre d'études historiques, se justifie très-aisément. Mais l'intérêt qu'elles inspirent a aussi des dangers : l'esprit des enfans se fausse par le spectacle de l'exagération républicaine. De petits états sans territoire, sans finances, sans population, sans rien de ce qui est maintenant le principe de la force, ont déployé une si grande puissance et exécuté de si grandes choses par l'exaltation seule de leur force morale, que l'imagination en est frappée, et qu'elle ne voit plus la grandeur que dans des républiques, c'est-à-dire dans des États où des citoyens peu nombreux, mais unis, mais ardens, mais dévoués à leur pays jusqu'à la mort, ont soumis à leur domination les plus grands empires. C'était le sentiment dominant dans le siècle dernier. Ces idées fermentent facilement dans de jeunes cerveaux. On regrette les temps où de si beaux spectacles ont été donnés au monde, où la nature humaine s'est élevée si haut; et delà au dédain d'une patrie qui n'inspire plus d'aussi vifs sentimens, au dédain d'un gouvernement qui ne demande que des vertus modérées, il n'y a qu'un pas aisé à franchir, et dont le seul orgueil de nous-mêmes peut nous déguiser les risques.

C'est un grand tort aux Souverains de ne pas veiller sur ces premières impressions. Elles ont égaré l'auteur du *Contrat Social*, et par lui elles travaillent tous les États de l'Europe. Elles sont plus dangereuses encore dans une monarchie comme la nôtre, où l'amour des peuples est la plus sûre base de leur obéissance. Aussi les études historiques des colléges doivent-elles avoir pour objet de faire aimer ce Gouvernement. C'est de notre histoire que l'enfance doit être nourrie; elle y trouvera des exemples d'héroïsme dignes des plus beaux temps de l'antiquité (1). C'était un des soins particuliers de l'usurpateur, qui n'avait pas dédaigné d'entrer dans ces détails, et ne les avait pas jugés minutieux. Suivant le conseil de Rousseau(2), que la loi doit régler la matière, l'ordre et la forme des études, il avait fait ordonner que les compositions roulassent principalement sur les événemens de son règne; comme il pensait avoir épuisé toutes les gloires, il voulait fournir tous les modèles. Il faut croire que cette marche n'avait pas été sans succès, s'il est vrai, comme le dit l'auteur du discours déjà cité, qu'il n'ait pas eu de partisans plus fidèles et plus dévoués que dans les lycées.

Je n'examinerai pas si le fanatisme dont se plaint ici M. DE

---

(1) Je veux, dit ROUSSEAU, dans ses *Considérations sur le Gouvernement de Pologne,* qu'un Polonais, en apprenant à lire, lise des choses de son pays; qu'à dix ans il en connaisse toutes les productions; à douze toutes les provinces, tous les chemins, toutes les villes; qu'à quinze il en sache toute l'histoire; à seize toutes les lois; qu'il n'y ait pas eu, dans toute la Pologne, une belle action ni un homme illustre dont il n'ait la mémoire et le cœur pleins, et dont il ne puisse rendre compte à l'instant, etc.

(2) Consid. sur la Pologne, pag.

Saint-Romain est aussi vrai qu'il le suppose, mais moins il serait exagéré, plus il faudrait tenir compte des moyens qui l'auraient produit, car c'est précisément d'un semblable fanatisme dont on éprouve aujourd'hui le besoin. Les anciens ne craignaient pas de porter, par l'éducation, l'enthousiasme pour leurs Gouvernemens jusqu'à ce point; ils y faisaient concourir tout ce qui excite de fortes impressions, tout ce qui rappelle à la fois et les Dieux et les lois de la patrie. C'est par cette association puissante des intérêts, des sensations, des plaisirs, des fêtes, etc., qu'ils enflammaient le citoyen pour son pays, et lui faisaient souvent, non-seulement supporter, mais aimer la plus dure domination. De tels effets sont rares dans les temps modernes, où il n'y a plus d'éducation vraiment nationale, où chacun est élevé pour une destination séparée et non pour une destination commune; mais ce n'est qu'une raison de plus pour ne négliger aucun des moyens qui peuvent attacher l'enfance au Roi qu'elle doit servir.

Ah! si la religion et la monarchie fussent sorties ensemble du même tombeau; si nos premières hymnes eussent été adressées au Dieu de Saint LOUIS, en présence de ses augustes Descendans, dans des temples rouverts pour la première fois après les longs jours de la profanation, combien les esprits eussent été frappés du double miracle qui eût relevé au même instant l'autel et le trône! Combien l'appui mystérieux que se prêtent ces deux grandes bases de la société en eût paru plus inébranlable! Quelles fortes impressions eussent résulté de ce mélange d'affreux souvenirs et d'une libération inattendue! C'est-là une de ces associations d'événemens que recherchaient les anciens pour exalter les imaginations, et creuser dans le fond des cœurs. Cette circonstance a manqué à notre retour à nos devoirs; mais cela ne les a pas changés. Ceux dont nous sommes tenus envers le Souverain sont restés aussi sacrés que ceux dont nous sommes tenus envers Dieu. Loin de toucher à la chaîne qui les unit, dans l'instruction de l'enfance, il faut la resserrer encore. Ce n'est pas en lui enseignant de vaines théories politiques, Dieu la préserve de les comprendre! C'est d'instinct, c'est de cœur qu'il faut la passionner pour son Roi; il faut lui en faire un culte, et réparer à cet égard l'imprévoyance passée. Que le Gouvernement s'éclaire sur ce qui appuie la monarchie, par les avertissemens que lui donnent ses amis, et même ses ennemis, sur ce qui l'a renversée! Il a vu, pendant près d'un siècle, avec une indifférence que la nation expie aujourd'hui, les progrès d'une secte audacieuse qui semblait n'en vouloir qu'à l'autorité ecclésiastique, mais qui était ennemie de toute autorité; qui, voulant arriver au pouvoir, aux richesses et aux honneurs, objets constans de la convoitise des hommes, et sachant très-bien que les révolutions religieuses amènent inévitablement les révolutions politiques, travaillait avec une infatigable persévérance à affaiblir les croyances positives, qui sont la seule force de la société. Ces étais du trône abattus, qu'est-ce qui pouvait le soutenir? Qu'est-ce qui le soutiendrait encore s'il manquait du même appui? Qu'on ne périsse pas du moins de nouveau aux écueils où on a déjà échoué! Que le Gouvernement saisisse l'homme à son berceau et ne le quitte plus!

J'ai dit que l'Éducation en France devait être religieuse et monarchique d'abord, mais qu'elle devait aussi être littéraire. Cet objet ne paraît pas avoir beaucoup occupé M. de Saint-Romain; il est cependant assez important. On ne vit pas uniquement de la science de la religion : il faut que nous soyons rendus, par l'emploi de nos premières années, aptes à remplir diverses professions, et à les bien remplir, soit dans l'intérêt de la société soit dans le nôtre. Je remarque une sorte de haine sourde des talens littéraires dans ce qu'a dit cet orateur, qui est encore le funeste effet de ses souvenirs. Il a l'air de penser que la gloire des sciences et des lettres est peu importante à une nation, et que la bonté des premières études fait peu de chose pour cette gloire. Il en parle avec un abandon qui effrayerait si on n'était rassuré par les talens même dont il est environné.

J'avouerai que les progrès de notre littérature ne nous ont pas préservés des erreurs qui nous ont entraînés à notre perte : mais plus d'ignorance ne nous en eût pas préservés davantage, et nous ne nous serions peut-être pas relevés. Après les crimes que nous avions commis, et la terreur que nous avions inspirée, rien ne nous a sauvés que la gloire que nous avions en Europe; et cette gloire, ce n'est pas celle que nous avions acquise par nos armes; celle-là eût plutôt irrité et humilié; c'est celle qui était due aux lumières que nous avions répandues, et aux arts dont nous avions avancé la perfection. Les étrangers ont plaint dans ses malheurs un peuple doux, ingénieux, aimable, qui avait fait tourner les heureux dons de son génie à l'avantage de la civilisation générale. Ils ont cru que ces dons n'étaient pas éteints, et que pour leur propre intérêt ils ne devaient pas en étouffer les fruits. C'est le sentiment qu'ils ont manifesté dans leur première invasion ; et il ne faut se souvenir que de celui-là, parce qu'il est vrai, consolant, et qu'il honore les lettres. Serions-nous moins justes envers nous-mêmes que ne l'ont été nos ennemis? Voudrions-nous nous priver de ce qui nous a coûté si cher?

Si même les progrès des sciences et des lettres ne faisaient que la gloire de la France, malgré les avantages réels et immédiats de cette gloire, M. de Saint-Romain fouillerait encore les horreurs passées pour y chercher d'amères compensations, mais ils font une grande partie de sa force. La lutte sanglante qui vient de finir l'a prouvé : elle n'eût pas duré si longtemps sans les ressources immenses du génie français, et ce sont ces ressources qui en répareront les désastres. Cette lutte même, et la nécessité de n'y pas succomber, ont été un aiguillon puissant pour marcher d'un pas plus rapide dans la carrière des sciences. On les a, par un mélange singulier, associées aux entreprises militaires; et, ce qu'on n'avait vu dans aucun autre âge de l'histoire, elles en ont adouci les horreurs et presque seules recueilli les fruits. Elles ont même quelquefois donné à la guerre un caractère romanesque, moitié sauvage et moitié civilisé qui en fera une époque à part dans nos fastes militaires. Parce que nous avons beaucoup souffert, et que nous souffrons beaucoup encore d'une vaine ambition d'agrandissement et de conquêtes que nous n'avions même pas, et dont les sciences semblent avoir été un instrument assez actif, pourquoi voudrions-nous perdre les bienfaits d'une civilisation plus avancée qui nous replacera bientôt au rang dont nos fautes nous ont fait descendre; ou, ce qui serait pire, pourquoi ferions-nous des efforts inutiles pour n'avoir que l'avantage de mêler la barbarie aux lumières? Nous sommes un peuple châtié par la Providence, mais non rejeté de son sein. Ne portons point de funeste sentence sur notre avenir, et faisons notre consolation actuelle de ce qui, malgré toutes nos erreurs, le rendra brillant et prospère. Ces hommes qui seraient tentés de nous faire rétrograder, qui trouvent que nous avons trop appris, et qu'ayant dépassé toutes les vérités qui importent à la stabilité, au bonheur de la société, il serait peut-être sage de resserrer le cercle de nos études, et d'en rapprocher les bornes, ont-ils bien réfléchi sur la nature de l'esprit humain, et croiraient-ils possible d'arrêter son essor quand le plus effrayant vandalisme ne l'a pas pu? Connaissent-ils même, par l'histoire, l'état dans lequel tombe un peuple qui rétrograde et chez qui on éteint peu à peu tous les flambeaux qui ont dissipé la nuit profonde dans laquelle il était plongé? Il y a eu quelques périodes de ce retour des ténèbres après les lumières, durant lesquels l'espèce humaine n'a paru gagner ni en bonheur ni en vertus; je doute qu'un sincère ami de son pays qui les connaîtrait bien pût les regretter.

On peut s'abuser, il est vrai, et croire qu'on ne fait aucun tort aux lettres, en proscrivant, en flétrissant tout ce qui s'en occupe; on peut croire même qu'on relève la science des œuvres de Dieu, en frappant ainsi sur celle des œuvres de l'homme; mais il n'est pas vrai qu'il soit si difficile de concilier l'une et l'autre, et peut-être vaudrait-il mieux chercher ce résultat infiniment plus heureux. La société est dans les vues de la Providence, et dès-lors tout ce qui sert à son maintien et à sa prospérité y est aussi. On s'est égaré sans doute, en allant trop loin; mais ce n'est pas parce qu'on a été trop savant, c'est parce qu'on l'a été mal: car il est évident que cette science est mauvaise, qui tendrait à détruire l'ordre qu'elle doit garantir. Je suis loin de croire qu'il y ait excès de force dans tout ce qui va au-delà du but. Les hommes forts du grand siècle alliaient la simplicité de la foi à la beauté du génie, et leur génie paraissait plus beau de cette alliance. Les hommes forts de notre littérature actuelle ne se font point remarquer par la hardiesse, mais bien plutôt par la retenue de leurs doctrines. Ils sont arrivés à la gloire des lettres par le chemin que leurs devanciers avaient dédaigné, en nous désabusant et en se désabusant peut-être eux-mêmes de tout ce qui nous avait séduit. Ils ont pris ce qu'il y a de bon et de sain dans notre nature, et ils l'ont revêtu des riches couleurs de leur imagination. Leur renommée nous justifie et prouve que nous ne sommes plus si égarés, puisqu'ils sont devenus si célèbres.

Ne craignons donc pas de tourner le développement des facultés de l'enfance vers l'accroissement des lumières, éloignons d'elle seulement ce qui est fantastique et faux. La révolution a sans contredit perdu la morale, elle s'est fait gloire d'en travestir tous les principes, mais par une assez étrange bizarrerie, elle n'a pu supporter l'erreur dans les sciences, et l'y a poursuivie avec une incroyable opiniâtreté, en sorte que dans le temps où les dogmes les plus sacrés, les plus importans à notre repos étaient renversés avec violence et même avec dérision, dans les autres objets de nos connaissances d'un ordre moins relevé, l'esprit acquérait une fixité qu'il ne saurait plus perdre. Nous n'avons donc plus qu'à réparer les torts faits à la morale. Ce ne sera pas l'œuvre d'un jour, parce que l'esprit a été sur ce point plus corrompu que le cœur, et que nous avions le malheur d'avoir préparé des sophismes pour justifier nos désordres, avant de nous y être abandonnés, mais le dépôt des plus pures maximes étant toujours dans l'Évangile, et leur ascendant n'étant pas encore entièrement effacé, cette tâche sera peut-être moins difficile qu'on ne le pense. Les mœurs peuvent se corriger par les lois, quand elles ont été en grande partie perverties par elles. Ce n'est pas sans doute la marche ordinaire, on perd de sa force en remontant un fleuve contre son cours; mais on n'a plus le choix des remèdes, et il est évident pour tous les bons esprits, que ce n'est que par la puissance de la législation qu'on peut sortir de l'abyme où tous les principes ont été engloutis. Il ne suffit plus maintenant qu'on agisse mieux, il faut qu'on pense mieux, et la pensée générale de la société doit précéder et éclairer la pensée particulière.

Dans les sciences, et surtout dans celles qui font faire des progrès aux autres, il n'y a aucun danger à vouloir être encore plus éclairé qu'on ne l'est. Du moment qu'elles n'aspirent qu'à la vérité, elles ne peuvent arriver qu'au bien. Mais si nous avions le malheur de ne pas vouloir être plus savans, et surtout le malheur de réussir dans ce triste projet, conservons du moins le fonds que nous avons acquis par tant de travaux. Or, je ne connais que les bonnes études faites dans le premier âge qui puissent inspirer le désir de le conserver. On n'est pas sans doute fort instruit au sortir des mains de ses premiers maîtres; on n'a pas même toujours le désir de le devenir davantage; mais il n'est guère de carrière qui n'exige un esprit droit, juste, pénétrant, un développement de facultés intellectuelles qui, dans quelque situation qu'on soit placé, trouve toujours son application. Toutes les méthodes d'instruction ne le donnent pas indifféremment, toutes les organisations mêmes du système général n'y concourraient pas avec le même succès. Une des vues prescrites à l'Université actuelle, était de tenir toujours l'esprit des élèves au niveau des connaissances du siècle. On voulait que le premier enseignement marchât d'un pas égal avec le second, ou du moins suivît la même direction. Cette vue, qui distingue la nouvelle création des écoles publiques, est analogue au progrès qui a été fait dans les sciences; elle en consacre l'utilité; elle détermine même la liaison qui doit exister entre les premiers principes donnés et les connaissances déjà acquises; elle évite ainsi la discordance tant reprochée aux anciennes écoles, qui, continuant toujours à enseigner ce que le monde avait depuis long-temps oublié, faisait perdre à l'enfance un temps précieux à apprendre ce qu'il était avantageux de ne pas savoir; discordance fâcheuse, même moralement, en ce qu'elle dispose une génération à en dédaigner une autre, et favorise ainsi la présomption naturelle aux disciples de se croire plus habiles que leurs maîtres.

L'avantage de maintenir notre gloire littéraire, quoique bien plus désirable que ne sont tentés de le croire ceux qui, ne voyant que l'époque où ils vivent, ne songent pas que les États ont besoin d'avenir, n'est cependant pas celui qui m'attacherait le plus à la bonté des premières études. A la rigueur, les dons naturels du génie, même sans une bonne culture, pourraient encore distinguer les Français entre les autres peuples; mais je m'effraye du besoin qu'a la société, dans toutes les carrières, d'hommes éclairés, et du peu qu'elle en trouve. Une génération toute entière a été enlevée aux arts consolateurs de la paix. Elle a péri sans laisser trace d'elle que ces vains souvenirs d'une gloire qu'il nous faut expier. C'est une lacune qu'il faut se hâter de combler. Il en est temps; les traditions se perdent; les hommes qui les possédaient s'éteignent, ou découragés par nos variations éternelles dans la chose qui devrait être la plus fixe, et n'y trouvant plus le repos d'esprit qu'une situation modeste doit au moins donner, ils quittent un travail ingrat pour ne plus le reprendre. Ainsi se consomme l'abandon à elle-même d'une jeunesse qui aspire aux emplois sans s'y préparer, et n'a pas l'air de se douter de ce qu'il fallait savoir autrefois pour être médecin habile, théologien profond, ou jurisconsulte éclairé : vide déplorable dans les talens utiles aux divers besoins sociaux, que nous ne ressentons pas encore autant que nous le ressentirons quelque jour, à mesure que disparaîtront ces hommes qui, dans chaque profession, en étaient les flambeaux.

Il est surtout une carrière, la plus importante de toutes, où nous sommes encore nouveaux, malgré, ou plutôt peut-être, à cause de notre expérience. De grands talens y brillent, restes pour la plupart d'une éducation soignée, reçue avant nos malheurs et fortifiée par eux ; mais il faut préparer davantage ceux qui doivent paraître à leur tour sur la scène politique : ils n'auront pas eu l'éducation de l'adversité. Quand on prend part au Gouvernement, il faut apporter aux discussions un jugement mûr et des connaissances positives. Ces connaissances même doivent être généralement répandues, car l'opinion publique ayant, dans les Gouvernemens un peu populaires, une grande influence, il importe qu'on ne puisse pas l'égarer par de vaines théories ; il importe que le talent ne soit pas un piége.

La marche actuelle des sciences et même des opinions se coordonne parfaitement avec ce besoin de connaissances positives, car elles rejettent tout ce qui est hors du calcul et de l'expérience, et donnent à l'esprit l'horreur de ce qui est faux. Ce n'est, il est vrai, que dans les objets dont elles s'occupent spécialement, et tout ne se calcule pas en politique, en finances, en administration, comme une proposition d'Euclide ; mais quand on a été dès l'enfance accoutumé, par des instructions sévères, à n'aimer que le vrai, on le cherche dans tous les objets du raisonnement, surtout quand il s'applique à de grands intérêts. Nous avons trop aimé les paradoxes. Il fut un temps où on ne brillait dans l'éloquence, dans la philosophie morale, même dans les discussions politiques, qu'en proportion de ce qu'on s'éloignait du sens droit et d'une juste appréciation des choses. Aussi toutes les créations de cette époque annonçaient-elles un dédain profond pour ce qu'avait consacré le temps; et tandis qu'une nation rivale, nourrie de tout ce qui est bon, profitable au corps entier de la société, marchait à sa plus grande prospérité par un respect absolu pour ses maximes, ses usages, sa sagesse ancienne, nous, follement inventeurs dans ce qui supporte le moins l'invention, nous rejetions les pensées de ceux qui nous avaient précédés, et ne voulions qu'un avenir inconnu. Nous y sommes tombés dans cet avenir inconnu; mais que l'effroi de cette horrible chute ne nous précipite pas dans une autre. Ne nous jetons pas dans des paradoxes tout aussi funestes. Haïssons assez la révolution pour ne pas prendre d'elle ce qu'elle a eu de plus mauvais : l'ardeur de détruire. Il y a un autre bien que la sagesse peut faire, au moins en matière d'Éducation, et c'est le seul qui réussira. Peut-être ce bien doit-il venir du Gouvernement lui-même, qui se trouve placé dans la meilleure situation pour le faire, car il tient tous les intérêts des citoyens dans sa main, et il est exempt de leurs passions.

Mais pour cela il faudrait être d'accord sur la seconde question que j'ai posée : Qui doit avoir la direction suprême de l'Éducation? et convenir que les bases que j'ai reconnues nécessaires ne seront pas les bases véritables de l'Éducation française, si ce n'est pas le Roi qui en est constamment le régulateur.

Les plans vagues de M. de Saint-Romain ne laissent sans doute qu'entrevoir sa pensée; mais je crois néanmoins peu hasarder en disant que ce n'est pas celle-là.

Cependant, lorsqu'on se propose d'arriver à une fin importante, la plus commune sagesse exige qu'on ne mette aucune contradiction entre sa volonté et ses mesures. Elle l'exige des Gouvernemens encore plus que des particuliers ; car ceux-ci, par leur imprévoyance , ne compromettent que leur propre destinée ; ceux-là risquent le salut de tous. Les révolutions qui bouleversent les empires n'arrivent, quoi qu'on puisse en dire, que par des fautes ; et ces fautes, que nous voudrions bien faire croire inévitables, le sont d'autant moins que la sûreté des États repose sur des bases qui sont bien plutôt affermies que minées par le temps. Les principes conservateurs sont en effet dans les goûts et les affections de l'homme. S'ils ne l'étaient pas, la société serait contre nature, ou elle ne pourrait s'établir, ou elle ne pourrait durer. Ils le sont plus encore sur une terre aimée des cieux et chez un peuple passionné pour les jouissances de la vie ; et lorsqu'un tel peuple vient à se dégoûter de la situation heureuse où la Providence l'a placé, c'est qu'on l'a abandonné trop long-temps aux folles espérances de son imagination, sans direction, sans guide, et sans aucun souci de ses écarts.

Il est donc permis de s'étonner qu'après les funestes résultats d'une semblable indifférence, un fidèle ami de la monarchie veuille dégager le chef de cette monarchie du plus important de ses devoirs, comme du plus pressant de ses intérêts, celui de former les citoyens qui doivent obéir à ses lois pour ces lois elles-mêmes, ou du moins de veiller avec une active sollicitude sur ceux qui doivent en recevoir de lui la mission. Ainsi, pour s'affermir sur un trône miraculeusement relevé au milieu des orages, on laisserait de nouveau flotter au hasard, et dans toutes sortes de directions, les forces morales qui meuvent le corps politique, et qui, par la nécessité même des choses, agissent pour le soutenir ou pour l'ébranler ! On n'ignore pas cependant que, dans le mouvement social, rien n'est stationnaire ; que le citoyen qui n'est pas ami est ennemi ; que l'indifférence pour la patrie a les mêmes effets que la haine, et que si, dans une monarchie, le trône ne paraît pas à chacun son appui et son bouclier, le trône n'aura lui-même ni bouclier ni appui.

On ne peut nier que l'Education ne soit une de ces forces morales dont nous parlons; qu'elle ne soit même, dans ce moment, et à la suite d'une révolution comme la nôtre, celle qu'il importe le plus de diriger vers une bonne fin, l'affermissement des principes qu'a relevés la restauration. Sans parler de ce qu'était ce ressort dans les anciennes républiques, de l'importance que lui donnait Platon dans son système de législation, des prodiges qu'il opéra à Sparte, et en convenant qu'il ne peut pas avoir dans les États modernes la même puissance, parce qu'il ne tire plus, comme autrefois, sa force d'un ensemble d'institutions et de règles applicables à la vie privée comme à la vie publique, il est néanmoins certain qu'il y a un danger réel à laisser l'enfance prendre les leçons qu'elle voudra, gouverner ses passions comme elle le voudra, s'affectionner ou se désaffectionner selon ses penchans, ou même les penchans des familles, des lois qu'elle doit suivre et du Prince qu'elle doit aimer; il est certain que si on ne veille pas autour d'elle avec inquiétude, pour écarter de ses lèvres la coupe empoisonnée, on la lui présentera, car les mauvais levains fermentent encore. Les doctrines corruptrices dont nous devrions tous être désabusés à l'aspect du précipice où elles nous ont conduits, n'ont malheureusement que trop de quoi flatter les passions; l'esprit en est plutôt détrompé que dissuadé, et c'est là la plaie la plus mortelle qu'elles nous aient faite. Elles ont perverti le sens moral de telle sorte, qu'il faut se précautionner contre les regrets mêmes qu'elles peuvent avoir laissés. Quand on songe qu'on a porté le délire jusqu'à mettre en principe la légitimité de l'usurpation, et que ce sont plutôt les événemens qui ont foudroyé cette doctrine impie, qu'un véritable retour à la raison, on sent combien d'efforts on a à faire pour arracher des cœurs ces dernières racines.

Et c'est dans de telles circonstances, lorsqu'après un long exil, nos Princes légitimes, en rentrant dans leur héritage, n'ont trouvé autour d'eux que les restes d'une génération qui, presque toute entière, était disparue sans les connaître; lorsqu'il faut remettre en honneur tous les devoirs qu'on s'était fait un honneur de combattre, recréer des sentimens que les pères transmettaient autrefois à leurs enfans avec orgueil, mais que depuis on a rejetés avec plus d'orgueil encore; faire revivre d'anciens souvenirs, en éteindre de nouveaux, c'est alors qu'on livrerait la jeunesse à des guides inconnus, et que l'autorité royale s'endormirait dans une confiance tant de fois trompée!

On disséminerait cette jeunesse dans des écoles dispersées sur un vaste territoire, sans lien entre elles, ni avec un centre commun, sous des maîtres sans garantie et sans responsabilité envers le Gouvernement!

Mais si on convient que l'Éducation est une grande puissance morale, et si c'est pour cette raison même qu'on demande la dislocation du corps enseignant actuel, elle ne peut exercer l'influence qu'on lui suppose qu'autant qu'il y a unité dans son but, unité dans ses principes, et surtout unité dans sa direction; j'ajouterai même unité dans ses méthodes, car l'unité de méthodes d'instruction peut encore être envisagée sous un point de vue politique, indépendamment du point de vue littéraire sous lequel de bons esprits ont fait ressortir tous ses avantages. Il n'y a de force que dans les faisceaux : ce qui est épars, isolé, n'agit que dans le vague; et il ne résultera jamais d'effet commun d'impulsions différentes.

Je sais qu'on appuie ce système d'instructions éparses, d'établissemens locaux confiés à des surveillans qui ne rendraient compte de leur surveillance qu'à eux-mêmes, sur les idées émises par un ingénieux écrivain, qui a vu un grand danger dans la centralisation de tous les objets administratifs. Mais ces idées, qui ont produit d'abord une grande impression, parce qu'elles flattaient le fond de haine pour ce qui existe, que nous tenons de nos souvenirs, et que nous tenons aussi de la révolution elle-même, dont cette haine a été le principe; ces idées, dis-je, n'ont pas encore subi l'épreuve d'une discussion sévère. Appliquées trop généralement, elles sont fausses sans aucun doute, du moins il est permis de douter s'il n'est pas de l'essence des Gouvernemens représentatifs que lorsque la délibération est au centre, l'exécution y soit aussi; que toutes les impulsions partent de la royauté, comme puissance exécutive unique, sans aller s'affaiblir dans les délibérations de corps particuliers. Si on examinait ce sujet avec plus d'attention, on se demanderait si, lorsque chaque citoyen, par lui ou par ses mandataires, décide des plus grands intérêts de toute la nation, il ne perd pas, par la hauteur même du point où il se place, de la force des affections qui le liaient à des intérêts locaux; on se demanderait encore si cette affection, pour avoir une certaine profondeur, n'exigerait pas que les localités fussent un peu différentes entre elles; qu'il y eût autre chose que les variétés du sol ou de l'industrie qui distinguât les citoyens d'une province de ceux d'une autre; que partout on ne fût pas soumis aux mêmes codes, gouvernés par les mêmes magistratures, appelés à des actions semblables à de semblables époques; qu'il pût enfin s'établir dans un lieu quelques habitudes civiles ou domestiques qu'on ne retrouvât pas ailleurs. Il est difficile en effet de concevoir un grand attrait pour des localités qui sont universelles. La localité aujourd'hui, c'est la France, depuis qu'on l'a divisée à la règle et au compas, et que, pour son administration comme pour son territoire, on en a fait des portions tellement similaires, que le même ordre peut être exécuté d'un bout du royaume à l'autre dans les mêmes formes et presqu'à la même heure.

Mais lors même que, sous le rapport purement administratif et non politique, et par la raison des connaissances plus parfaites que nous possédons sur ce qui nous environne, bien plus encore que de l'intérêt que nous y prenons, on penserait qu'il est avantageux de ne plus tout centraliser, et de laisser aux départemens et aux communes la disposition de quelques-uns de leurs intérêts, serait-il convenable de faire l'application de ces idées au système de l'Instruction publique? Qu'y remarque-t-on de local, depuis que ses établissemens, n'ayant plus de dotation particulière, n'existent que par la munificence du Gouvernement ou par quelques sacrifices partiels? Plus de goût peut-être, plus d'aptitude pour l'Instruction dans certaines contrées que dans d'autres; plus d'ambition dans certaines familles pour rechercher les bienfaits de l'Éducation; plus de disposition à faire les sacrifices qu'elle exige. Mais les devoirs des pères et les intérêts des enfans ne sont-ils pas partout les mêmes? Y a-t-il un seul département où le citoyen n'ait pas besoin d'être éclairé de la même manière, quand il a les mêmes droits à exercer, et que la société réclame de lui les mêmes services? Y a-t-il une autre morale, une autre religion, une autre littérature à enseigner au nord qu'au midi; d'autres sentimens à développer pour la royauté légitime? Et si, pour ces divers objets, il y avait quelques efforts à faire de plus dans un lieu que dans un autre, n'est-ce pas un des devoirs de la royauté, quand les obligations des citoyens sont égales, de leur fournir des moyens égaux de les remplir? Qui s'acquitterait d'ailleurs de ce devoir, si ce n'était pas le Gouvernement lui-même? Laisserait-il ce soin aux départemens ou aux communes? et s'il le laissait, serait-il assuré que les lumières se répandissent uniformément partout? Où serait sa garantie pour cette égalité si désirable?

Depuis qu'une tyrannie sans exemple, en nous forçant pour tout, nous a fait contracter la fatale habitude d'avoir besoin d'être forcés, non-seulement pour faire le bien, mais même pour le vouloir, l'interposition de l'autorité suprême est devenue nécessaire dans chaque occasion; rien ne s'exécute que ce qu'elle commande; et si chaque division du territoire était laissée à elle-même, il serait à craindre que, pour les meilleures choses, elle ne se donnât aucune impulsion. L'expérience journalière l'a prouvé sur beaucoup de points, et notamment sur ce qui concerne l'Instruction publique. On a reçu dans beaucoup de communes les établissemens que le Gouvernement y a placés; on ne les eût pas créés; on se serait contenté de ce que le hasard eût fait naître, et on se serait endormi sur les résultats.

Si donc on attachait quelque prix, soit à l'Instruction élémentaire du peuple, soit à celle des classes plus élevées, ce serait une déplorable idée que de l'abandonner à l'intérêt local. Il y a des choses tellement urgentes aujourd'hui dans tout ce qui est localement administré, que les vues qui ne semblent pas d'une utilité immédiate, qui n'offrent que des avantages dont l'année, le jour ou l'heure ne voient pas recueillir le fruit, sont presque toujours ajournées à un temps meilleur. C'est ce temps meilleur qu'on attend pour réparer les chemins vicinaux, les presbytères, les temples, tout ce qui se dégrade ou tombe en ruines, et qui exigerait des efforts ou des sacrifices. C'est ce temps meilleur qu'on attend pour la subsistance même des ministres de la religion, chose si sacrée. Mais cet avenir, vers lequel on se reporte sans cesse, n'arrive pas. C'est vainement qu'on invoque la bienfaisance particulière : le bien qui se fait, se fait aux personnes, rarement aux établissemens. Nos mœurs ont, à cet égard, beaucoup changé. On montrait autrefois avec orgueil des fondations de colléges, de séminaires, d'hôpitaux, faites pour telle ville, et par des considérations qui lui étaient propres; mais depuis que la révolution les a dévorées, et que des lois, faites même dans des temps plus tranquilles, ont consommé cette spoliation; depuis que la violence en ce genre a ainsi perdu son véritable caractère, la source de la bienfaisance publique a été tarie; le temps et de nouvelles mœurs peuvent seuls la rouvrir.

Mais, quand il y aurait quelques départemens où l'amour du bien prît cette route, où l'on s'élevât un peu au-dessus des habitudes qui concentrent la charité, le principe de l'égalité d'instruction ne devrait pas en souffrir, et par conséquent le principe de son unité. Ce serait toujours au Souverain à en dispenser les trésors, à nommer les maîtres et à prescrire les règles. Il n'est aucune circonstance où ce ne fût pas une grande faute de laisser ce soin à des agens qui ne dépendraient pas immédiatement de son autorité, qui ne la reconnaîtraient que d'une manière générale, et n'auraient pas un compte journalier à lui rendre de la mission qu'ils auraient reçue. Ce serait bien pis, si c'était la loi elle-même qui donnât cette mission, et qui en désintéressât le Souverain. Ainsi il y aurait, dans un des services publics les plus importans, une classe de fonctionnaires qui attendrait les avantages de leur existence d'autres mains que de celles d'où doivent découler toutes les grâces! Peut-on désirer qu'aujourd'hui on ne voie pas le Roi dans tout ce qui se fera de bien? que ce ne soit pas lui qui place, dirige, récompense les hommes chargés d'élever la jeunesse, comme il consacre, par son autorité, la magistrature et le sacerdoce? On lui laisserait les devoirs et on lui retirerait les bienfaits! Si l'amour de la royauté doit être dans tous les cœurs, quelle est la voie la plus sûre pour l'y faire pénétrer? n'est-ce pas celle de la reconnaissance? A quoi était dû le dévouement absolu de l'armée à l'usurpateur, si ce n'est aux faveurs dont il la comblait? Oui, toutes les fonctions, toutes les récompenses pour ceux qui les ont bien remplies, doivent émaner du Roi, et ceux qui veulent ramener parmi nous, comme le gage le plus assuré de notre bonheur, l'antique idolâtrie de la royauté, doivent vouloir ce qui rend les hommes idolâtres. Jamais trop d'intérêts ne seront rattachés au trône, jamais trop de biens ne découleront de cette source sacrée; c'est vers lui que doivent se porter les désirs et les espérances des hommes les plus modestes, comme des hommes les plus ambitieux, et le nom du Monarque doit être béni, non comme celui d'un protecteur général, mais comme celui d'un bienfaiteur particulier, aussi bien dans l'obscurité des colléges que dans l'éclat des palais.

Si les considérations qui précèdent, auxquelles je n'en connais aucune qu'on puisse opposer avec bonne foi, n'ont pas résolu d'avance, aux yeux de tout homme sans passion, ou dont la passion ne naîtrait pas d'un intérêt évident ou caché, la dernière question que j'ai proposée, Quels sont les hommes que le Souverain doit charger de l'Éducation publique? c'est que nous ne partons pas du même point et ne voulons pas arriver au même but.

Et cela n'étonnera pas. Des prétentions ont été élevées, qui ne s'étaient jamais fait entendre. On a proposé de confier à un corps infiniment respectable, une autorité qui ne doit appartenir qu'au Roi, et d'ajouter à la surveillance sage et nécessaire qu'il exerce sur l'instruction religieuse, une influence plus directe sur tout autre genre d'instruction. Parce que ce corps n'est pas dans la situation où il doit être placé, parce qu'on ne veut pas, ou qu'on ne peut pas lui rendre le rang, les dignités ou les richesses qui lui ont appartenu, on cherche dans nos autres institutions de quoi réparer ses pertes, et comme, dans les âges barbares, les lettres bannies de partout s'étaient réfugiées dans le sanctuaire, c'est encore là où on les replacerait volontiers pour les sauver sans doute des effets d'une nouvelle barbarie.

Mais les temps ne sont plus les mêmes, et je ne les crois pas aussi favorables. Sans perdre le souvenir des bienfaits de l'église envers les lettres, sans oublier que c'est dans les lieux consacrés à la religion que se conservèrent les trésors de l'antiquité sacrée et profane, que c'est dans le fond des monastères respectés par nos ancêtres au milieu de leurs guerres les plus acharnées, qu'on en retrouva presque tous les monumens, sans oublier que nous devons aux pieux et savans cénobites qui y vivaient renfermés, non-seulement de nous avoir conservé ces précieux dépôts, mais de nous en avoir communiqué l'intelligence, on ne peut disconvenir que ce n'est que la nécessité d'étudier la religion dans les langues, dans lesquelles ses dogmes étaient écrits, qui força le clergé d'être éclairé au milieu de l'ignorance générale. Il y avait pour lui obligation et loisir. Le métier des armes étant le seul noble dans ces temps grossiers, toutes les professions lettrées, la jurisprudence, la médecine, lui furent abandonnées, comme l'enseignement de la religion. Il dut donc naturellement ajouter à l'ascendant de la religion celui des lumières. Qui pouvait les transmettre que ceux qui les possédaient? Qui pouvait les répandre partout que ces Ordres fameux, qui eux-mêmes étaient partout répandus, qui suffisaient à tous les besoins du peuple, adoucissaient sa grossièreté, dissipaient son ignorance, et en même temps soulageaient et consolaient sa misère, qui se trouvant en quelque sorte seuls civilisés au milieu d'une race de sauvages, réalisaient alors au sein des forêts de l'Europe ce qu'ils ont fait depuis dans les déserts de l'Amérique, où joignant les bienfaits de l'instruction à ceux de la charité, ils ont changé les mœurs par les croyances, et jeté par la prédication de l'évangile, qui est lui-même la science de la civilisation perfectionnée, le germe des développemens futurs de l'esprit humain.

Mais ces germes semés avec profusion par des mains bienfaisantes ont, depuis long-tems, produit tous leurs fruits. Les lumières sont devenues universelles, depuis qu'on a mis à être instruit l'orgueil qu'on mettait à ne pas l'être. Un des premiers effets de cette universalité a été d'établir plus d'union dans les classes de citoyens, et d'affaiblir leur mutuelle dépendance. Le clergé, par la nature de ses fonctions, est resté une classe lettrée; mais il n'a plus été la seule, et n'a plus eu la domination des lumières. A proprement parler même, cette domination s'est perdue. Le monde, en s'éclairant, n'a plus eu autant de respect pour le caractère savant imprimé à certaines professions. Il en est résulté que les sciences, perdant ainsi de leur considération par leurs progrès, et devenant plus vulgaires à mesure même qu'elles sont plus utiles, ont besoin de progrès continus et non interrompus pour conserver leur prix dans l'estime des hommes.

Il en est résulté cet autre effet, qu'un plus grand nombre d'hommes étant éclairé, a pu s'adonner aux diverses professions, et qu'ainsi elles se sont naturellement classées. La société s'est établie sur des bases plus étendues, et comme dans les arts mécaniques la division du travail est le principe naturel de leurs progrès, les arts libéraux, en se divisant aussi, ont marché d'un pas plus rapide. On a eu de meilleurs théologiens et de meilleurs médecins quand les mêmes hommes n'ont pas été à la fois l'un et l'autre.

Quand tout le monde a des lumières, tout le monde porte des jugemens; on est donc forcé de prendre plus de soin pour éviter des erreurs qui peuvent facilement être reconnues. Les sciences acquièrent ainsi, et plus de rapidité, et plus de sûreté dans leur marche. Comme néanmoins elles ont toutes, même celle de la religion, leurs obscurités et leurs profondeurs, on sent que, pour en avoir la complète intelligence, il faut que ceux qui s'y consacrent s'y consacrent tout entiers. Mais il y a cette différence entre les sciences qui nous font connaître la nature et celle qui nous fait connaître son Auteur, que celle-ci, s'appuyant sur des monumens certains, sur d'antiques traditions, sur les divines écritures, qui ne peuvent changer, est une science fixée, qui n'est plus susceptible d'accroissement, et qui, par cette raison, peut et doit être étudiée dans des retraites où, loin du monde, on se recueille dans des méditations solitaires, sans mélange avec les sciences profanes, dont on doit craindre le contact et rejeter le secours. Les sciences naturelles, au contraire, aspirant toujours à de nouvelles découvertes, ne vivent, ne fructifient, ne s'agrandissent que par la communication réciproque des lumières qui leur sont propres; en sorte que la chimie ayant besoin de la physique, celle-ci des mathématiques, etc., elles se montrent comme un cercle dont tous les rayons se touchent dans un point et se séparent dans un autre. Il est impossible qu'on conçoive celles-ci cultivées ailleurs qu'au milieu du monde, car c'est là qu'on observe les phénomènes dont elles s'occupent, qu'on réunit les instrumens dont elles se servent, et qu'on découvre les usages auxquels elles s'appliquent. Ainsi ce ne pourrait plus être, comme autrefois, dans le fond des monastères qu'elles fissent des progrès, et ce ne pourrait plus être des hommes dévoués à la vie cléricale ou cénobitique qui leur en fissent faire.

D'ailleurs la religion n'a-t-elle pas assez de travaux? Son enseignement, l'exercice de ses pratiques, les fonctions du ministère évangélique, n'absorbent-ils pas tous les momens des hommes qui s'y consacrent, et encore plus toutes leurs pensées? et lorsque tant d'églises sont sans pasteurs, tant de campagnes privées des consolations religieuses, on ajouterait, à des devoirs auxquels l'Église actuelle ne peut suffire, d'autres devoirs qu'elle pourrait bien moins remplir! Où est donc cette jeunesse ecclésiastique élevée dans nos sciences, et prête à en épancher les trésors, qui ait et le talent et l'expérience de l'enseignement, et qui en désire la stérile gloire? Si elle existe, pourquoi ne répare-t-elle pas les pertes que nous entendons déplorer tous les jours, et qui ne sont que trop vraies? Pourquoi laisse-t-elle nos autels déserts, et n'aide-t-elle pas dans leurs fatigues ces restes vénérables de l'Église de France que la révolution a épargnés? Pourquoi l'emploierait-on à ce que d'autres peuvent faire comme elle, et l'enleverait-on à ce qu'elle seule peut faire?

Si donc il était possible, dans nos mœurs actuelles, de recréer des corporations ecclésiastiques, lorsqu'elles ne pourraient plus exister que d'une manière infiniment précaire, et uniquement par des dons volontaires devenus rares, tandis que, dans les temps anciens, c'étaient elles qui appliquaient à l'utilité publique les richesses qu'elles tenaient de la piété des peuples, ce serait sans aucun doute aux devoirs importans du ministère qu'il faudrait les consacrer. Il faudrait remplir d'abord la lacune effrayante dont on se plaint, calmer les inquiétudes des gens de bien sur la solitude du sanctuaire, et assurer le premier des services publics. Ce ne serait qu'alors, qu'une génération supposée surabondante pourrait embrasser une autre carrière, et s'occuper de former en même temps des ministres à la religion et des citoyens à la patrie.

Mais cela même serait encore difficile. Les sciences naturelles introduites dans la première éducation y sont devenues nécessaires, aussi bien que les arts; et, quelque système qu'on embrasse, il faudra les y maintenir, et les y maintenir à peu près au degré de leur avancement. Il faut bien que cette disposition des familles soit impérieuse, puisque l'art du dessin s'est introduit même dans les écoles ecclésiastiques, où il n'entre pas, ce semble, dans la vocation qu'on y suppose. Mais pour s'instruire dans des sciences qui font chaque jour des progrès, et qui, comme je l'ai dit, ne les font qu'au milieu du monde, il faudrait qu'une corporation ecclésiastique s'y mêlât, qu'elle pénétrât dans l'esprit de société plus qu'il ne conviendrait, qu'elle participât à ses agitations, et que, dans ce mélange qui devrait être assez intime, elle ne perdît rien de la dignité de son caractère, ni de la pureté de ses habitudes. Or, en réfléchissant sur notre état moral, je crois cela impossible. L'esprit du siècle est perverti, mais, par cela même, il est plus exigeant. C'est parce qu'on se pardonne à soi-même plus d'écarts, qu'on demande plus d'austérité dans les autres. Un auteur (1) a fort bien observé que, plus la religion a été profanée, moins elle peut réussir aujourd'hui avec des formes douces et mondaines. Les cœurs sont devenus de glace et les imaginations ont été souillées. Pour y faire

---

(1) Voyez une brochure qui a paru l'année dernière, sous le titre : *De l'Instruction publique et de l'Université de France.*

la profonde impression qui pourrait les changer, il faudrait peut-être qu'elle se montrât avec les sentimens de l'expiation, l'extérieur de la pénitence, et qu'elle fût prêchée dans les catacombes. Ce fut du moins ainsi que le Christianisme corrigea la licence des mœurs païennes. L'austérité des actions confirmait l'austérité des maximes, et le monde ne voyait, dans les premiers chrétiens, que des hommes vivant au milieu de lui, mais entièrement séparés de lui. Si donc, avec la mobilité de nos volontés et de nos destinées, avec les corruptions que la révolution a laissées, les ambitions qu'elle a créées, l'horreur de toute dépendance qu'elle a donnée, il pouvait se former des associations d'hommes unis par des liens irrévocables et sacrés, il faudrait, pour qu'elles s'attirassent les respects du siècle, qu'elles se séparassent de lui pour enseigner ou pratiquer ce que le Christianisme a de plus dur, et qu'elles ne se familiarisassent pas avec les *sciences du dehors*, qui les en rapprocheraient trop. En un mot, comme on l'a dit, des sociétés de Trapistes paraîtraient maintenant plus en rapport avec le besoin que nous avons d'expiations, de remords, de vertus exaltées, après toutes nos licences et tous nos crimes, que des sociétés de Religieux uniquement occupés d'enseigner le latin ou les mathématiques.

Mais indépendamment de ce que des associations de ce genre ne seraient plus en rapport avec notre état moral, je crois qu'elles le seraient encore moins avec notre état politique. Elles reconnaîtraient une autre dépendance que celle qui est commune à tous, un autre intérêt que celui du reste des citoyens, et l'on sait que la force de ces intérêts est d'autant plus grande, que les associations sont plus petites, moins nombreuses; qu'elles ne se balancent point les unes par les autres; qu'elles n'ont ni oppositions ni rivalités à combattre; que ces intérêts d'ailleurs ont un but constant, y tendent toujours; qu'en un mot la situation de ces corps est fixe et permanente au milieu de choses mobiles de leur nature, et de situations qui varient sans cesse (1). Il faudrait qu'un Gouvernement eût bien de la force pour se conserver toujours puissant au milieu d'affections secrètes qui ne l'auraient pas pour objet, et qui peut-être même aspireraient à son changement; et si ce Gouvernement était nouveau, s'il s'appuyait sur des théories plutôt que sur des habitudes, s'il luttait contre des souvenirs, qui deviennent si aisément des passions, qui le garantirait contre le discrédit dont une influence sourde, mais persévérante, frapperait ses mesures, ou contre l'inertie inspirée par des opinions contraires? Créer des corps dans un État gouverné avec le concours d'assemblées délibérantes, c'est inévitablement créer des obstacles à l'autorité, quels que soient d'ailleurs ces corps, et de quelques fonctions qu'ils soient chargés; c'est créer des affections tendantes au bien particulier, au lieu de tendre au bien général, quand la nature même du Gouvernement doit réunir toutes les affections; c'est enfin créer de petits États pouvant être en lutte avec le grand État, et souvent plus forts, toujours plus opiniâtres que lui. C'est une faute qu'on n'a pas faite partout où les Gouvernemens se sont établis sur un système représentatif; système faible parce qu'il est mixte, et dont l'action n'est puissante que quand les résistances sont nulles. C'est une faute qu'on doit faire encore moins en France, où ce système est plus faible qu'ailleurs, parce que, né du sein des factions, il ne les a jamais ralliées, et où par conséquent il y aurait plus de danger à ce que l'autorité pût être en butte à des opinions qu'elle ne dirigerait pas. C'est une faute

---

(1) Tout ce qui est corps se conserve avec son esprit pendant des siècles; les provinces, les villes, certains quartiers, Rome conquérante, Athènes oisive et lettrée, *Port-Royal* et le Pritanée ont une force intérieure contre laquelle échoueront sans cesse les Puissances humaines; les corps, ou pour mieux dire l'esprit de corps, est indestructible de sa nature, etc.

Discours de M. de Saint-Romain.

que ne conseillera jamais, qu'empêchera même, s'il le peut, tout sincère ami du Roi et de la Charte, à moins qu'il ne pense, avec M. de Saint-Romain, que détruire d'abord ce qui existe, est une compensation à tout.

Mais qu'est-ce donc que ce qui existe? Rien que ce qui a dû exister après qu'on avait tout détruit, à moins qu'on n'eût préféré de maintenir l'étrange liberté de l'éducation de 93; rien que ce qui devrait exister encore, quand on aurait la puissance de tout recréer; c'est-à-dire, une corporation civile, mise à la place des corporations ecclésiastiques renversées, mais formée de leurs débris; une réunion d'hommes qui, frappés sous un nom, se sont relevés sous un autre, les seuls qui pussent transmettre à d'autres des traditions qui, une fois perdues avec eux, eussent manqué aux études littéraires, les seuls qui eussent conservé le souvenir de l'ordre et de la discipline des anciennes écoles, les seuls qui se fussent donné le temps d'apprendre ce qu'ils avaient le devoir d'enseigner, les seuls enfin qu'on serait forcé d'employer demain, après les avoir proscrits aujourd'hui.

Ce qui existe! c'est l'Université de Paris étendue à toute la France, suivant le vœu qu'en avait formé Henri IV; c'est-à-dire, les bonnes études de la capitale servant de type à l'instruction des provinces, le choix des règles, le choix des livres, le choix des méthodes fait dans le point le plus éclairé, par les hommes les plus expérimentés, et transmis aux établissemens les plus éloignés, à l'instant même où les plans sont conçus et les découvertes assurées.

Ce qui existe! c'est la réalisation d'une conception éminemment monarchique, utile dans tous les temps, nécessaire après de longs troubles politiques, qui met dans la main du Roi un levier immense, capable de soulever successivement toutes les générations, qui rattache à sa domination une association nombreuse, liée à des chefs célèbres dans les lettres et les sciences, recevant ainsi quelques rayons de leur gloire, partageant leur influence, et honorant ses travaux obscurs par leur union à de plus brillans travaux.

Ce qui existe! c'est l'établissement en France, à peu près sous les mêmes formes et sous le même régime, mais avec des développemens plus étendus, du système d'Université qui a eu en Piémont les plus heureux succès (1), qui par conséquent n'a pas le malheur d'être nouveau, et encore moins celui d'avoir été inventé pendant la révolution, système qui créant un *magistrat de la réforme* pour gouverner l'Université, et plaçant à la tête de ce conseil le grand Chancelier de la couronne, impose, pour premier devoir, de ne laisser enseigner que des doctrines conformes aux droits de cette couronne, et donnant la surveillance à qui a l'intérêt de surveiller, se crée ainsi une garantie dont tous les Gouvernemens ont besoin, surtout quand les tempêtes politiques ne sont pas tout-à-fait apaisées, et qu'il reste encore de l'incertitude dans les esprits, et peut-être plus que de l'agitation dans les cœurs.

Tels sont les principes qu'a posés la loi de 1806, telle est l'institution qu'elle a voulu créer. Maintenant est-ce par son origine qu'il faut juger de sa bonté? Est-ce même par quelques détails ou mal conçus, ou mal exécutés? L'idée était grande et belle, l'époque où elle fut réalisée, était celle d'un repos hélas! trop passager. On s'occupa avec intérêt d'étendre également les lumières dans toutes les parties du vaste empire, et d'emprunter même à des peuples étrangers, devenus français, ce qu'ils avaient de bon dans leurs établissemens d'instruction, pour l'accommoder à nos traditions et à nos usages. L'organisation de l'Université n'essuya, à sa naissance, d'autres reproches que celui d'une fiscalité temporaire, d'une dépendance utile, et d'une suprématie dont on était jaloux; mais elle rétablissait partout les études vraiment classiques, elle prévenait la dispersion des maîtres découra-

(1) Voyez les Lois et Réglemens de l'Instruction publique, vol. 4, et le 1er. Supplément de M. Renou.

gés, et en les rattachant à de grands établissemens, où le cercle entier des études était parcouru; elle ramenait insensiblement à l'éducation de nos pères, qui redoutaient surtout pour leurs enfans des soins efféminés et des instructions médiocres.

Cette éducation n'était pas sans doute assez sévère, et les maîtres qui la donnaient n'étaient pas tous assez purs. Mais le Tyran supportait encore peut-être, en ce genre, plus de vertu qu'on ne l'en eût cru capable. Il avait appelé, dans les conseils de l'Université, des hommes dont la piété aurait dû lui être importune, et dont le royalisme aurait dû l'effrayer. Il savait bien pourtant que ce sont les chefs qui, à la longue, font l'esprit des institutions, et que celles surtout qui sont placées constamment sous les yeux du public, offertes à tous les jugemens, se fortifient avec l'opinion, et se purifient avec les mœurs générales. Mais une des singularités de son caractère ombrageux a été de manifester constamment le désir d'étouffer les lumières, et le besoin de s'en servir. Il en a fait de même pour la religion. Cette contradiction qui était dans son caractère, et qui a passé dans celles de ses créations qui avaient pour objet un grand intérêt public, a empêché qu'elles n'aient été tout à fait bonnes ou tout à fait mauvaises, parce que son cœur ne pouvait pas toujours entraîner son esprit, et que la grandeur du but lui en imposait pour le choix des moyens. Il pouvait faire servir l'Éducation à pervertir les générations futures, puisque sa position l'avait mis en révolte contre la conscience des peuples; cependant il ne la remit en général qu'à des mains pures, et ne lui donna que des règles dont l'expérience avait fait connaître la sagesse. Il lui laissa même établir des doctrines qui n'étaient pas les siennes, et faire un bien qu'il ne voulait pas.

Sans doute, ce bien ne fut pas aussi étendu qu'on pouvait le désirer, et à mesure que ce gouvernement tyrannique se corrompait par ses victoires, ou s'aigrissait par ses revers, ce qu'il y avait de bon dans ses institutions, perdait de sa force, et le mal prévalait. Magistrature, Sacerdoce, Instruction publique, tout était mis sous le joug, et le bien qui pouvait s'opérer ne naissait plus que des résistances sourdes de la volonté, ou de la force naturelle des choses.

Doit-on croire pour cela qu'il faille tout détruire, parce que tout avait été comprimé ou asservi? qu'il faille créer, pour tout, une nouvelle race d'hommes, qui ait été étrangère à nos malheurs, ou même à nos fautes?

Dans les institutions composées d'hommes qui ne sont ni inamovibles ni solidaires, il n'est pas besoin de détruire, car la régénération est facile. Ceux que soutenait un gouvernement corrompu, se retirent d'eux-mêmes à l'aspect d'un Roi vertueux. Quand la tyrannie et la licence n'existent plus, la justice rentre bientôt dans les consciences; elles ne se sentent pas à l'aise, au milieu d'opinions qui les repoussent, et des éloignemens volontaires dispensent souvent la Société de ses jugemens. Dans tous les cas, le Souverain qui a besoin que tout soit pur comme lui, exerce lui-même la plénitude de cette justice, il brise, si c'est nécessaire à l'intérêt public, des instrumens qui ne peuvent agir que par lui, et qu'il tient dans sa main; mais lui seul connaît ce qu'il faut briser, et comme ses intentions sont toujours paternelles, il fait ce bien même avec sagesse, *il ne précipite pas la chute de ce qui est mauvais* (1), parce que ce sont les révolutions qui précipitent, et que son trône ne serait pas solidement assis sur des débris.

L'opinion n'appelle point d'ailleurs ces destructions insensées qui, faites pour recomposer la société sur de nouvelles bases, sous prétexte de la placer sur de meilleures, ne laissent au fond que des matériaux au lieu d'édifices. Sans doute il faut réclamer, avec toute l'énergie de la vertu courageuse, le retour de toutes les institutions aux principes moraux et religieux et l'emploi uniquement de ceux qui les professent.

---

(1) Voyez le Discours de M. de S^t^.-Romain.

La royauté légitime ne saurait s'allier qu'à l'amour de l'ordre et aux doctrines tutélaires; elle a besoin, pour elle-même, de la sécurité qu'elle donne à tous; mais quand le but, les principes, les formes même d'une institution donnent cette garantie, faut-il l'anéantir parce que quelques hommes qu'on peut rejeter demain ne la donneraient pas? parce qu'elle a quelques parties défectueuses qu'on réformera quand on voudra? Mais d'où naîtrait alors, et dans quel temps arriverait la stabilité nécessaire aux choses et le repos nécessaire aux personnes? Comment y aurait-il un gouvernement quand on instituerait toujours et qu'on ne gouvernerait jamais? Que de systèmes se sont succédés depuis vingt-cinq ans sur l'instruction publique! Un intérêt pressant en occupait les familles, sans doute, mais c'est surtout la mobilité de nos opinions qui tourmentait cette partie importante de nos institutions sociales. On créait avec les idées du moment; on détruisait avec des idées contraires. Rien ne s'établissait bien, parce qu'on ne laissait rien s'établir, parce qu'on ne créait qu'au milieu des menaces d'anéantissement prochain, parce que les hommes qui ont le plus besoin de paix pour leurs paisibles travaux, de tranquillité pour leur avenir de sa nature si incertain, n'avaient jamais la faculté de jouir un moment de leurs espérances.

Si on veut finir la révolution, et je crois qu'on le veut fortement, il faut fixer la société; il faut la fixer sans doute avec de bons élémens; mais, le fût-elle même avec des élémens imparfaits, on gagnerait encore à se confier aux bienfaits du temps; car c'est le temps qui avait fait tout ce qui était bon, et ce qu'on a si vivement regretté. A ces bienfaits assurés se joindront ceux qu'on doit attendre de la sagesse d'un Monarque dont les lumières déjà si étendues ont été mûries par de longues adversités. En étudiant dans sa retraite les causes des maux dont il a souffert, il a vu que nos erreurs, nos fautes, nos crimes même, ne venaient point d'une nature pervertie, mais d'une nature ardente et précipitée; que la nation française ne voulait point le mal quand elle l'a fait, ni comme elle l'a fait; mais qu'elle voulait le bien comme on ne doit pas le vouloir, avec le dédain de la réflexion et l'impatience des obstacles; et sa pensée a dû, dès-lors, mettre dans ses projets d'amélioration cette sage lenteur qui peut calmer l'impétuosité de nos bonnes intentions sans en écarter le but. De tous les principes à rétablir, le plus pressant est celui de la stabilité. Nous jetons sans cesse nos regards vers une nation voisine, parce que les formes de notre constitution sont semblables aux formes de la sienne. Mais c'est leur esprit qu'il faut emprunter; cet esprit est de changer peu les choses mauvaises, et jamais les bonnes; c'est de tendre sans cesse à la permanence dans les lois, dans les institutions, dans les habitudes; c'est de traiter le corps politique comme le corps humain, où bien souvent les fonctions ne vont que parce qu'elles vont, et où l'existence est un principe de la durée.

Il est d'autant plus pressant d'avoir, et même d'annoncer cette volonté de *stabiliser* les institutions, que, par l'effet de la constitution qui nous a été donnée, nous sommes plus poussés vers notre caractère national. La délibération publique ne plaît aux Français que quand elle s'exerce sur ces grandes questions qui touchent aux premiers intérêts, et même que quand elle a un côté qui remue les passions, en agitant les destinées. J'ai vu, dans une assemblée fameuse, qu'on n'écoutait avec attention que ce qui faisait disparaître une classe de la société. Mais si ces grandes questions se discutent sans cesse, elles perdront, je ne dirai pas de leur importance, mais de leur certitude morale. Il est vrai que rien encore ne peut être réellement stable, parce que rien n'est pur comme il doit l'être. Mais la restauration de la légitimité est déjà un grand pas : un BOURBON remontant au trône de ses pères, toutes les vertus y remontent avec lui, la piété éclairée, la bonté protectrice, l'humanité compatissante, la clémence presque divine. L'exemple de ces vertus, dont l'image sur le trône nous était devenue si étrangère, est le premier élément de notre régénération; il amènera tous les autres. C'est par l'amour de la royauté que nous serons rendus à la morale et à la religion, comme aux idées élevées et aux sentimens généreux. Il a inspiré les nobles accens qui se sont fait entendre à nos tribunes nationales, et il sera pour ces Français aveuglés qui ne tiennent plus aux vertus humaines par aucun lien, *ce secret regard d'une providence miséricordieuse qui les rappelle des extrémités de la terre* (1).

P. S. Mon intention ayant été, dans cet écrit, plutôt d'essayer de fixer l'opinion sur les points principaux de la question qui s'agite, ou du moins d'appeler sur elle des méditations calmes et sérieuses, que de défendre le système actuel de l'Instruction publique, je ne suis entré dans aucun détail sur ce système. Ces détails, d'ailleurs, ont été suffisamment développés dans les écrits qui parurent sur ce sujet l'année dernière, et dans d'autres qu'on a publiés depuis peu. Un écrivain très-éclairé (2), et qui est à la source de tous les documens, promet encore de nouveaux développemens dans des supplémens successifs à ses premières Observations. Il y traitera sans doute avec son talent ordinaire une question très-importante que j'ai négligée, quoique mes idées sur ce point soient fixées depuis long-temps, et que l'expérience ait éclairé mon jugement, celle de la nécessité que l'éducation soit publique, dans l'intérêt de la société, même dans celui des familles. Cet objet est décidé dans les constitutions de l'Université de Turin, et il avait été souvent réclamé par divers arrêts de nos Parlemens, notamment de celui de Bordeaux, sur les réquisitoires du ministère public.

---

(1) Bossuet, Orais. fun. de la Princesse Palatine.

(2) M. Rendu. Voyez son premier Supplément, etc.

Il est un autre point que je crois également nécessaire de traiter, c'est l'avantage qu'il y aurait à rattacher, comme à Turin, le corps chargé d'élever la jeunesse, à la première magistrature du Royaume. Toute corporation civile a besoin d'appui, parce qu'elle n'est pas défendue par cette force intrinsèque que les corporations religieuses tirent du principe même qui les fonde et qui les unit. Le grand intérêt qu'a la couronne à l'examen de toutes les doctrines qui s'enseignent, doit engager à ne confier ce soin et cette autorité qu'à la personne investie de la dignité la plus éminente de l'État, surtout quand à ce caractère de suprématie se joint un autre caractère non moins nécessaire, celui de l'inamovibilité. Un ministère de l'instruction publique aurait des avantages sans doute, mais il serait trop précaire ; après l'avoir établi en Italie, Buonaparte le supprima peu de temps après. Il aima mieux en France un Grand-Maître, auquel il avait donné d'abord de grands priviléges ; mais il changea bientôt, et affaiblit ce qu'il avait créé. Une Université de France a trop de besoin de conserver ses règles, ses statuts, les existences même qui l'environnent, pour être laissée dans la classe des administrations ordinaires, et pour ne pas tirer son soutien, sa protection, son lustre même, de la haute dignité de son Chef.

FIN.

www.ingramcontent.com/pod-product-compliance
Lightning Source LLC
LaVergne TN
LVHW050454160826
845677LV00003B/780

9782329672960